Para John, cuyo amor y fe me dan valor.
—*Kristen*

Para mi esposo Steven,
que siempre cree en mí
—*Debbie*

Este libro pertenece a

¿Podrías encontrar las 19 cámaras
escondidas en el libro?

IMÁGENES BUENAS, IMÁGENES MALAS jr.

Un plan sencillo para proteger
las mentes de los niños pequeños

Kristen A. Jenson, MA
Ilustrado por Debbie Fox

Vemos muchas imágenes en todas partes.
¿Dónde las vemos?

En las paredes
de nuestras casas.

En libros y revistas.

En vallas publicitarias de carretera y en edificios.

En la televisión, las computadoras y otras pantallas electrónicas.

Las imágenes buenas nos muestran lugares hermosos e interesantes del mundo.

Nos encanta ver imágenes de animales bebés.

Nos divierte ver buenas películas y videos.

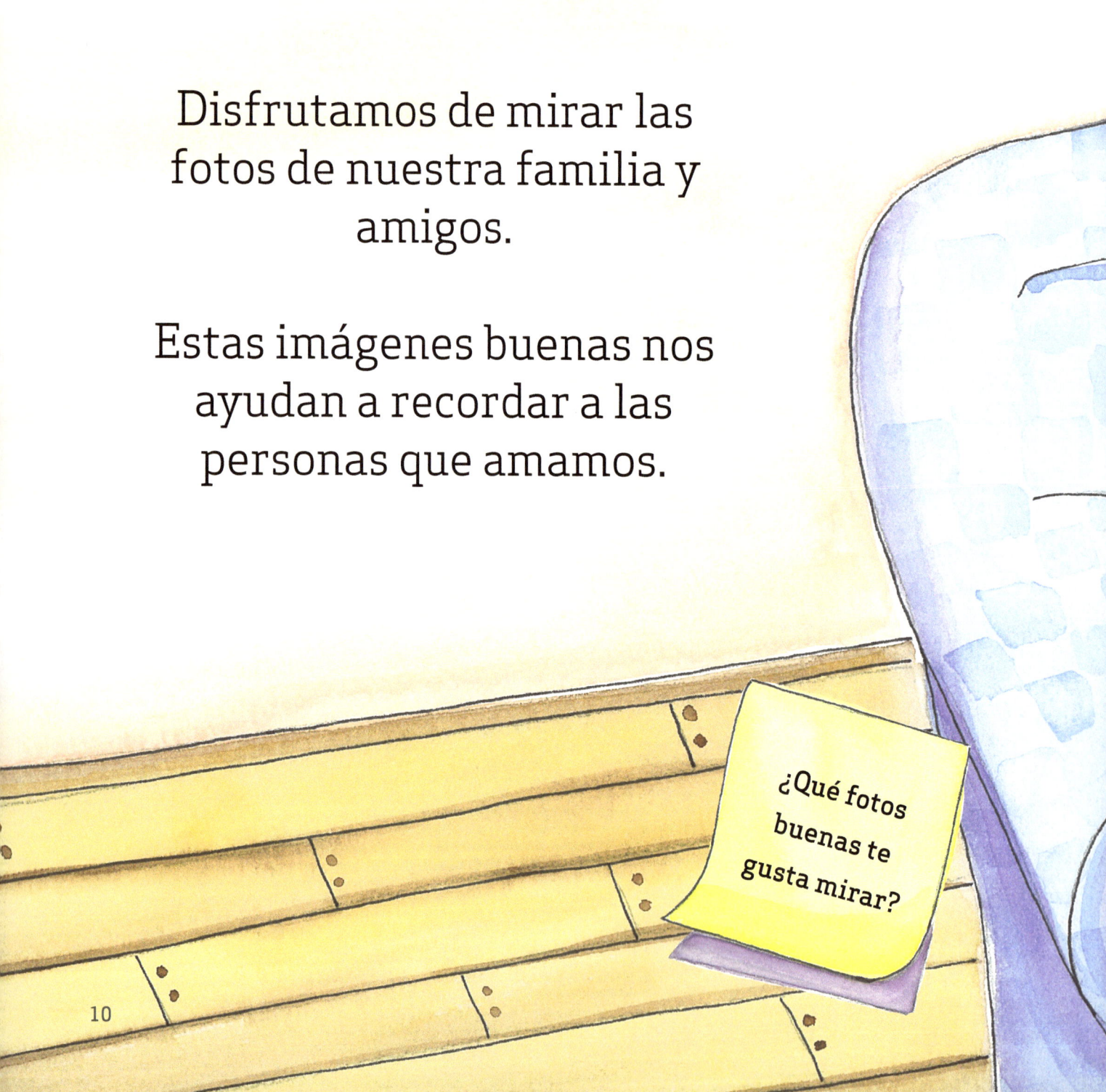

Disfrutamos de mirar las fotos de nuestra familia y amigos.

Estas imágenes buenas nos ayudan a recordar a las personas que amamos.

¿Qué fotos buenas te gusta mirar?

Algunas imágenes son buenas.

Pero algunas imágenes no son buenas. Te harán daño.

> Los adultos llaman pornografía a algunas de esas imágenes malas.

Las imágenes malas nos muestran las partes privadas del cuerpo que cubrimos con un traje de baño.

¿Qué significa la palabra "privado"?

Estas partes del cuerpo deben mantenerse privadas.

Todas las partes del cuerpo son buenas, incluyendo tus partes privadas. Pero tomar fotos de esas partes no está bien.

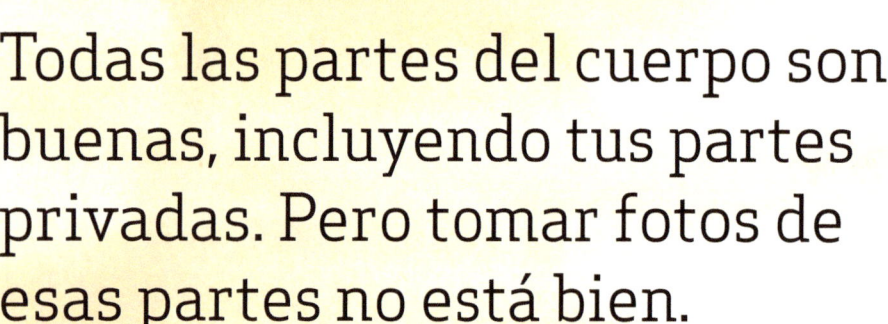

Cuando la gente muestra imágenes de sus partes privadas, estas dejan de ser privadas.

¡Es importante mantener las partes privadas en privado!

¿Dónde podríamos ver imágenes malas?
¡En los mismos lugares donde podemos
encontrar imágenes buenas!
En la pantalla de un teléfono
celular o de una tableta.

En la televisión, en la computadora,
en revistas, o en avisos publicitarios
en tiendas y carreteras.

No importa donde veas las imágenes malas,
no son seguras para que los niños las miren.

Algunas cosas son seguras y otras cosas no son seguras. ¡Algunas cosas son muy peligrosas!

Hay muchas cosas que no son seguras para comer o beber. ¡Son venenosas y pueden causar que te enfermes mucho!

Es seguro mirar las imágenes buenas.

No es seguro mirar las imágenes malas.

¡Las imágenes malas son como **veneno en imagen** para tu cerebro! Mirarlas es peligroso para un niño en crecimiento.

Algunas veces los niños ven imágenes malas por accidente.

Pero incluso si tú ves una imagen mala, eso no te hace un mal niño.

¿Has visto alguna vez una imagen, dibujo animado o video de gente sin ropa o mostrando sus partes privadas?

Si tú lo has hecho, ¡no te preocupes! Hay algo *bueno* que tú puedes hacer si ves una imagen mala.

¿Sí? ¿Dónde la viste?

Esto es lo que puedes hacer para estar a salvo si alguna vez ves una imagen mala, un video o un dibujo animado con gente sin ropa puesta.

 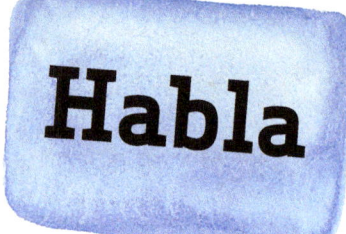

Gírate **Corre** **Habla**

Aléjate de la imagen mala.

> **¡Practica esto!**
>
> ¡Practica esto! Gira la cabeza y cúbrete los ojos con las dos manos

Corre y encuentra a tus padres o a un adulto de confianza.

¡Practica esto!

¡Finge que estás corriendo! Mueve los brazos para adelante y para atrás.

Habla con ellos de lo que viste. Diles: "¡Acabo de ver una imagen mala!". Nunca guardes imágenes malas en secreto de tus padres.

¡Practica esto! Ahueca las manos alrededor de la boca.

Recuerda estas cinco reglas de seguridad:

1. Si alguien trata de mostrarte imágenes o videos malos, no los mires. ¡Acuérdate de Girar, correr y hablar!

2. Si alguna vez ves una imagen mala o un video inapropiado, nunca se lo muestres a otro niño.

3. Nadie debe tomar fotos o videos de ti sin la ropa puesta. Si alguien alguna vez trata de hacerlo, ¡habla con tu mamá, tu papá o un adulto de confianza de inmediato!

4. Nunca tomes fotografías o videos de ti mismo sin la ropa puesta.

5. Si ves una imagen mala o un video inapropiado y este sigue apareciendo en tu mente, ve donde tu mamá, tu papá o un adulto de confianza y diles: "Necesito ayuda para que la imagen mala se vaya de mi mente".

*Padres, consulten las Notas para los padres y profesionales para obtener consejos sobre cómo ayudar a los niños a aprender a "olvidar" las imágenes malas.

¡Tú tienes el poder!

Tú puedes recordar
Gírate, corre y habla
cuando veas una imagen mala.

¡Tú puedes ser feliz y estar
seguro si escoges mirar
imágenes buenas!

Notas para padres y profesionales

CÓMO USAR ESTE LIBRO

¡Felicitaciones por ser proactivo!

A medida que leas el libro *Imágenes Buenas Imágenes Malas Jr.* con tu hijo encontrarás mensajes opcionales y preguntas de discusión en forma de notas "adhesivas". Puedes leérselas u omitirlas por completo si lo deseas.

En las notas adhesivas también encontrarás sugerencias de movimientos físicos que los niños pueden hacer para practicar el plan Gírate, corre y habla. Estas ayudarán a tus niños a recordar exactamente qué hacer cuando vean una imagen mala. ¡Y además son divertidas!

Otro aspecto entretenido son las 19 cámaras escondidas que tu hijo puede encontrar en las ilustraciones del libro. El ejercicio de buscarlas puede ayudarle a permanecer atento durante la lectura.

POR QUÉ ESTAS HACIENDO LO CORRECTO

Los padres que protegen a sus niños pequeños en contra de los peligros de la pornografía no están destruyendo su inocencia: la están protegiendo. Los niños que se enfrentan a la pornografía por sí mismos están en un riesgo mayor por las siguientes razones:

- La pornografía la emplean delincuentes frecuentemente para predisponer a los niños al abuso sexual.
- Los niños están programados para imitar lo que ven. Ver pornografía incrementa el riesgo de abuso sexual infantil.
- Los niños pequeños se están convirtiendo en adictos a la pornografía con serias consecuencias para toda la vida.

Los expertos en prevención del abuso sexual infantil y en la rehabilitación de adictos a la pornografía recomiendan a los padres comenzar a educar a sus hijos acerca de los peligros del internet tan pronto como estos tengan acceso a la Red. Esto incluye el acceso a internet a través de teléfonos celulares de amigos, familiares, docentes, compañeros de colegio y niñeras.

Para proteger las mentes de los más pequeños a nuestro cuidado, conviértete en la primera y mejor fuente de información acerca de cómo reconocer y rechazar la pornografía.

CÓMO RESPONDER

Puedes tener sentimientos encontrados cuando tu hijo usa el plan Gírate, corre y habla para reportar su encuentro con una imagen pornográfica. Es normal que te sientas disgustado al saber que tu hijo ha visto pornografía y a la vez complacido de que hizo lo correcto al venir a decírtelo.

Te animo a sonreír y a dar un fuerte abrazo a tu hijo cuando esto suceda. Haz que se sienta seguro de que hizo algo bueno diciéndole: "Gracias por hacérmelo saber. ¡Has hecho lo correcto!".

Entonces, cuando estés calmado, indaga más sobre lo sucedido con algunas preguntas amables como:

- ¿Dime qué sucedió?
- ¿Qué fue lo que viste?
- ¿Cómo te hizo sentir eso?

Dependiendo del tipo de pornografía que vean, las reacciones de los niños pueden variar. Algunos se sienten impresionados, otros horrorizados, y hay quienes se sienten intrigados y atraídos a ver más. Algunos niños también se sienten confundidos pues experimentan las tres reacciones al mismo tiempo. Si tu hijo ha visto algo particularmente traumático, es recomendable buscar asesoría profesional adicional. Consulta DefendYoungMinds.com para una mayor orientación.

La parte más importante de este proceso es escuchar, reconocer los sentimientos de tu hijo, y no avergonzarlos de ninguna manera. Quizás podrías utilizar frases como las que mencionamos a continuación para seguir la conversación:

- "Lamento mucho que hayas tenido que ver esto".
- "Los niños no deberían tener que ver imágenes malas".
- "¡Estoy muy feliz que me lo hayas dicho! Esa fue una muy buena decisión".

NOTA:
La forma más sencilla de definirle la pornografía a un niño pequeño es hacer referencia a la desnudez centrada en las partes privadas del cuerpo. No toda la desnudez es pornográfica, pero siempre que un niño la ve, especialmente en pantalla, debería decírtelo. Puedes encontrar más ideas con respecto a la diferencia entre "arte" y "porno" en nuestro blog DefendYoungMinds.com

CÓMO AYUDAR AL NIÑO A OLVIDAR LAS IMÁGENES MALAS

¡La pornografía crea recuerdos muy poderosos en la mente de un niño! Es por esta razón que los niños pequeños necesitan la ayuda de sus padres. "Olvidar" o neutralizar una imagen pornográfica es una tarea simple, pero requiere práctica y orientación. Esencialmente, un niño necesita un plan para crear un nuevo camino neuronal lejos del recuerdo de la imagen pornográfica. A continuación te explicaremos cómo:

1. Ayuda a tu hijo a identificar una actividad divertida o emocionante que le guste hacer. Puede ser cantar una canción, recordar la parte divertida de una película, jugar con su juguete favorito, o realizar un ejercicio físico. También puede ser cualquier cosa que cautive sus emociones lo suficiente como para distraerlo.

2. Enseña a tu hijo a pensar en esa actividad especial siempre que una imagen mala aparezca en su mente. Realizar una actividad física que requiere concentración mental también puede desviar la atención del niño del recuerdo de la imagen mala.

3. Anima a tu hijo a seguir practicando. Su mente puede retornar naturalmente al fuerte recuerdo de la imagen pornográfica. Eso es de esperarse. Pídele que piense en la actividad especial y divertida cada vez que esto suceda. Esto requiere práctica, pero a medida que el niño lo haga repetidamente, el mal recuerdo aparecerá con menos frecuencia en su mente y tendrá menos poder sobre él.

¡TÚ PUEDES HACERLO!

Puedes usar este libro una y otra vez a medida que fortaleces a tu hijo en contra de los mensajes sexuales nocivos tan extendidos en nuestra sociedad. Los niños pueden aprender a rechazar la pornografía y el daño que la acompaña. Merecen que se les enseñe y se les proteja a una temprana edad para mantenerlos a salvo.

¡Continúa capacitando a tu hijo con el libro *Imágenes buenas, imágenes malas*!

Hacia la edad de siete años, lee a tu hijo nuestro éxito editorial *Imágenes buenas, imágenes malas. Protegiendo a los más pequeños contra la pornografía*. Estas son cinco poderosas lecciones que ellos aprenderán

- Cómo reconocer la pornografía por la manera en que los hace sentir. Esto es muy importante para ayudar a los niños a rechazarla.

- Cómo mirar pornografía puede convertirse en una adicción real, como la causada por las drogas o el alcohol.

- Cómo tener su cerebro racional a cargo de su cerebro emocional para mantenerse a salvo de los peligros de la pornografía;

- Cómo prevenir que su centro de atracción sea engañado por la pornografía.

- Cómo usar el plan PUEDO para rechazar eficazmente toda exposición a la pornografía.

Imágenes Buenas, imágenes malas usa analogías sencillas y fáciles de entender para los niños con el fin de ayudarles a instalar un filtro interno y proteger sus propios cerebros.

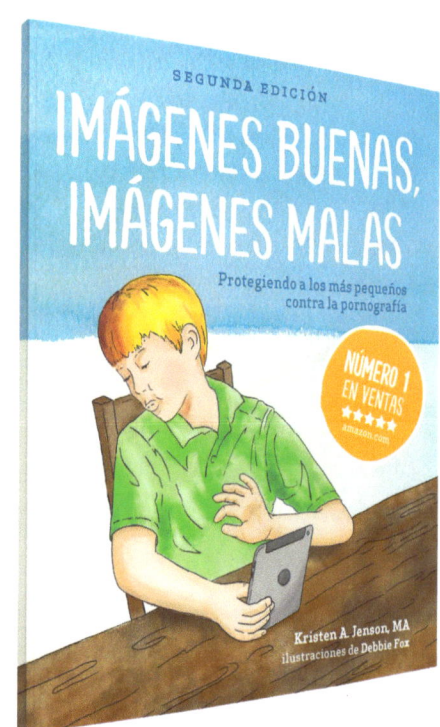

Esto es lo que padres, abuelos, y expertos están diciendo acerca de este innovadora herramienta.

"Como psicóloga y madre de cuatro niños, no podría dejar de recomendar este libro. La pornografía es una ruta rápida a la depresión, la ansiedad y a las relaciones malsanas entre hombres y mujeres".

MARY (RESEÑA EN AMAZON)

"Completamente apropiado para niños pequeños incluso si aún no has tenido la conversación sobre las cigüeñas y París".

BLUEEYES (RESEÑA EN AMAZON)

"Mis clientes leen *Imágenes buenas, imágenes malas* a sus hijos para explicarles cómo la pornografía compulsiva ha impactado a mamá, papá y a otros familiares. Este libro da a los clientes la oportunidad de aclarar ideas sobre el uso compulsivo de la pornografía de una manera apropiada para su edad".

CASSIE KINGAN, MA, PC, CCPS, CCTP

"*Imágenes buenas, imágenes malas* es la herramienta práctica, positiva, y poderosa que las familias necesitan. Yo de todo corazón recomiendo leer regularmente este libro con sus hijos para que ellos desarrollen el autocontrol: En eso consiste la protección definitiva contra la pornografía".

VAUNA DAVIS, FUNDADORA DE REACH10

"Una herramienta destacable y oportuna para enseñar la neurociencia de evitar la adicción a la pornografía de una manera que es fácil de entender para los niños".

DONALD L. HILTON JR. MD, NEUROCIRUJANO CERTIFICADO Y PROFESOR CLÍNICO ASOCIADO DE LA UNIVERSIDAD DE TEXAS EN SAN ANTONIO.

¡Para más información, visite DefendYoungMinds.com/books!

¡GRACIAS A TODAS LAS PERSONAS QUE AYUDARON CON ESTE LIBRO!

Hannah Allen, madre, Vancouver, Washington

Melody Bergman, madre, editora, Midlothian, Virginia

Stephen and Rhyll Croshaw, abuelos, directores de la fundación SALifenline, Lehi, Utah

Debbie Fox, abuela, ilustradora, Provo, Utah

Kate Fricke, madre, Rigby, Idaho

Claudine Gallacher, madre, Santa Barbara, California

Lori Gelwix, abuela, Richland, Washington

Dawn Hawkins, madre y vicepresidente, Centro Nacional de la Explotación Sexual, Washington, D.C.

David and Melissa Hunsaker, padres, Salt Lake City, Utah

Ramona Zabriskie, abuela, autora, oradora, Ridgefield, Washington

Nicole Liebert, madre, Richland, Washington

Robin Jorgensen, madre, Richland, Washington

Emily Kidder, madre, Kennewick, Washington

Evan MacDonald, padre, diseñador gráfico, Monroe, Washington

Natalie Murrow, madre, Dayton, Ohio

Trisa Perry, madre, Richland, Washington

Amber Perry, madre, Richland, Washington

Nicole Petersen, M.Ed, abuela, Investigadora de servicios para la protección del niño, Bothell, Washington

Stacey Roundy, madre, Bellevue, Washington

Kari Williams, madre, Richland, Washington

CONECTA CON KRISTEN

Comparte conmigo tu opinión sobre *Imágenes buenas, imágenes malas Jr.: Un plan sencillo para proteger las mentes de los niños pequeños*. Búscame en Facebook (Kristen A. Jenson Author) y visita mi sitio Web DefendYoungMinds.com donde encontraras guías para padres basadas en la investigación científica y podrás leer mis artículos sobre temas oportunos.

Empowered. Resilient. Screen-smart kids.

Sigue mi trabajo "Defend Young Minds" en los medios de comunicación social:

RECONOCIMIENTOS

Autora: Kristen A. Jenson
Ilustraciones por: Debbie Fox
Diseño por: Evan MacDonald

ISBN: 978-0-9973187-7-7

© 2023 Glen Cove Press, LLC

Todos los derechos reservados. Protect Young Minds es una marca registada en los Estados Unidos y Defend Young Minds, Imágenes buenas, Imágenes malas y Glen Cove Press son marcas registradas de Glen Cove Press LLC. Ninguna parte de este libro, incluyendo las ilustraciones, puede ser reproducida o transmitida de ninguna forma o por ningún medio, electrónico o mecánico, incluyendo la fotografía, las grabaciones o cualquier tipo de almacenamiento y sistema de recuperación ahora conocido o por ser inventado sin el consentimiento escrito de la editorial. Contacte con Glen Cove Press, 1030 North Center Parkway, Suite N189, Kennewick, WA 99336 o por correo electrónico a info@glencovepress.com.

También hay descuentos por cantidad disponibles por Glen Cove Press.

DefendYoungMinds.com/books